De Dalai Lama

Het kleine boekje van
Innerlijke rust

Samengesteld door Margaret Gee

Uitgeverij BZZTôH
's-Gravenhage, 2008

De citaten in deze kalender zijn verzameld door Margaret Gee, auteur, en zijn niet door Zijne Heiligheid de Dalai Lama persoonlijk gekozen. De citaten zijn ontleend aan diverse bronnen, inclusief berichten in de media.

Published by arrangement with Lennart Sane Agency AB.

Eerder uitgegeven onder de titel: Dalai Lama Dagkalender 2007

Oorspronkelijke titel: *Words of Wisdom*
Vertaling: Hans Keizer/Vitataal
Ontwerp omslag: Julie Bergen
Foto omslag: Tenzin Choejor, Office of His Holiness the Dalai Lama
Redactie en productie: Vitataal, Oostum
Zetwerk: Erik Richèl, Winsum

ISBN 978 90 453 0927 9

Voor meer informatie en een gratis abonnement
op de BZZTôH Nieuwsbrief:
www.bzztoh.nl

Uw verlichting rust op uw
eigen schouders.

Mededogen is een oprecht en
zuiver gevoel van liefde voor en
bezorgdheid om anderen.

Zowel de wetenschap als de leer van de Boeddha vertelt over de fundamentele eenheid van alle wezens.

Sommige mensen geloven
dat ik een of andere magische
kracht bezit. Ze gebruiken
woorden als 'Levende Boeddha'.
Dat is echter niet juist. Ik
beschouw mezelf als een
eenvoudige boeddhistische
monnik, niet meer, niet minder.

Ware verlichting is niets anders
dan de volledige verwezenlijking
van de aard van het eigen zelf.

Ontwikkel mededogen met uw vijanden, dat is oprecht mededogen. Beperkt mededogen kan niet tot altruïsme leiden.

Ik geloof dat alle religies dezelfde doelen nastreven, namelijk het ontwikkelen van menselijke goedheid en het brengen van geluk naar alle mensen. Hoewel de middelen verschillend kunnen lijken, zijn de doelen hetzelfde.

Het boeddhisme berust meer op
onze eigen inspanning, meer op
rede dan op geloof.

Er zijn beperkingen aan materiële welstand. Per slot van rekening kan geld geen echt geluk bieden.

De diepere menselijke natuur
moet de kostbare lucht van
vrijheid inademen.

Mededogen kan niet alleen innerlijke woede genezen, maar ook het geweld in de wereld.

Mededogen betekent ook onze vijanden liefhebben, net als onze vrienden, en dat is niet gemakkelijk.

Elk mens heeft een kans om een verschil te maken.

Dagelijkse activiteiten kunnen destructief zijn als onze motivatie niet oprecht en vol mededogen is.

Veel problemen en conflicten in de wereld rijzen omdat we het zicht zijn kwijtgeraakt op de fundamentele menselijkheid die ons als een familie van mensen samenbindt.

Menselijke genegenheid bindt ons beslist meer dan welke leer dan ook.

Ik bid voor ons allen,
onderdrukker en vriend, dat wij
er samen in zullen slagen een
betere wereld
te bouwen met menselijk begrip
en liefde.

Als motivatie oprecht is,
is er geen probleem. Maar als de
motivatie politiek van aard is,
ligt dat anders.

Als mensen in goede tijden geen
religieuze deugden beoefenen,
zullen zij ze niet bij tegenslag
kunnen beoefenen, als de
behoefte aan geloof groter is.

Het is belangrijk geld goed te
gebruiken om anderen te helpen,
anders zult u steeds meer willen
en zich arm voelen.

Het menselijk hart heeft twee aspecten: een zorgzaam aspect en een dat problemen maakt en zelfzuchtig is.

Veel van onze problemen zijn het resultaat van een veel te actieve fantasie.

Ik heb altijd gevonden dat de boeddhistische cultuur een positieve bijdrage aan de rest van de wereld kan leveren vanwege de grote nadruk op mededogen, en vooral in de mahayanatraditie vanwege het beroep op geweldloosheid in diverse menselijke activiteiten.

Toen ik 48 jaar was, begon ik Engels te leren. Mijn gebrekkige Engels helpt me beter te communiceren en laat mensen lachen als ik fouten maak.

Nieuwe ideeën en visies zullen in
dit millennium nutteloos zijn als
ze niet tot verandering leiden.

Het boeddhisme erkent geen schepper van het universum – geen bepaalde god –, maar gaat uit van het bestaan van een grenzeloos continuüm dat geen begin heeft gehad en geen eind zal hebben.

Als u anderen voor uzelf opoffert,
zult u gebukt gaan onder de
gevolgen.

Ik probeer altijd te
communiceren met een vreemde
die ik ontmoet, want ik ga ervan
uit dat we beiden gewoon
mensen zijn.

Zingen en bidden alleen maakt iemand niet tot een goed boeddhist. Het is essentieel dat we met mededogen handelen, ernaar streven de problemen van het leven te begrijpen en in Boeddha geloven.

Mensen vergissen zich als ze
heel beperkt op zichzelf focussen.

Een simpele glimlach,daarmee
opent u uw hart en krijgt u
mededogen met anderen.

We hebben allemaal een boom
in ons, de innerlijke boom van
spiritualiteit, en we moeten die
boom van kracht voeden door
hem elke dag aandacht te geven.

Ook al kan een vogel vliegen, hij
moet op de aarde landen.
– Tibetaans gezegde

Werken om het lijden van
bewuste wezens te verlichten en
de situatie op de planeet te
verbeteren – dat is de enige weg
naar geluk, voldoening en vrede.

Materieel succes en materiële
voorspoed brengen geen geluk;
rijke mensen kunnen ontevreden
zijn en geen echte vrienden
blijken te hebben.

Mededogen is geen hulpeloos medelijden, maar een bewustzijn en een vastberadenheid die actie vergen.

Het doel van het leven is geluk,
of u nu een geloof heeft of niet.

Het doel van het leven, geluk,
is alleen te bereiken als mensen
de fundamentele menselijke
waarden van mededogen,
zorgzaamheid en vergeving
cultiveren.

Er is te weinig contact tussen de wereldleiders.

Een bekrompen, egocentrische houding is de basis van negatieve emoties zoals vrees, angst en frustratie.

Hebben engelen een kleur? Zijn er engelen voor elk land?

De Tibetaanse kwestie is niet nieuw... toch is de Tibetaanse kwestie nog springlevend. Waarom? Niet vanwege onze wapens, niet vanwege ons geweld, maar vanwege onze waarheid.

Meditatie is de sleutel tot
spirituele groei.

Zolang er in veel delen van de
wereld geen vrijheid is, kan er
geen echte vrede zijn.

Het begrip 'geweld' is verouderd. Als u uw buurman te gronde richt, richt u in feite uzelf te gronde.

We hebben geen garantie dat
we, als we sterven, vrede en
geluk zullen vinden.

Onze overleving hangt af van onze gemeenschap, net als bij mieren of bijen.

Internationale betrekkingen lijken tekort te schieten in mededogen. Het draait alleen maar om geopolitieke overwegingen en niet om morele beginselen.

Iedereen heeft enkele maanden
in een baarmoeder doorgebracht,
maar niemand herinnert zich dat.
We herinneren ons dus niet
noodzakelijk alles van ons
bestaan.

Het is belangrijk dat we beseffen dat we allemaal hetzelfde vermogen hebben om goed en kwaad te doen. Daarom is het belangrijk het goede vermogen te gebruiken om een gelukkiger mens te zijn.

Mensenrechten zouden universeel moeten zijn.

Met zorgzaamheid en mededogen, een warm hart en vastberadenheid kunnen moeilijke dingen veranderen en kunnen gezonde, gelukkige mensen ondanks hun verschillen met elkaar praten en een compromis bereiken waarmee iedereen kan leven.

In sommige opzichten ben ik de ongelukkigste Dalai Lama geweest, want ik heb een groter deel van mijn leven als balling buiten mijn land doorgebracht dan ik in Tibet ben geweest. Aan de andere kant is het voor mij zeer verrijkend geweest in een democratie te leven en over de wereld te leren op een manier die wij Tibetanen nog nooit hadden gekend.

Liefde en mededogen zijn
geestestoestanden die worden
ontwikkeld door inspanningen
om het lijden van onze
medemensen te verlichten.

Als u over hoop en menselijkheid nadenkt, gaat uw geest open.

Mijn religie is vriendelijkheid.
Een goede geest, een goed hart,
warme gevoelens – dat zijn de
belangrijkste dingen.

Door zegeningen wordt mijn
denken over de hele dag iets
nuttigs en ook iets positiefs.

Onze mooie blauwe planeet
heeft geen nationale grenzen.

In feite is het niet gemakkelijk een lama te worden. Het is erg gemakkelijk zo genoemd te worden, maar het is echt heel erg moeilijk een lama te worden.

Elke ochtend voordat ik opsta, laat ik graag gedachten in me opkomen. Ik mediteer een paar uur en dan voel ik me herladen. Daarna wordt mijn dagprogramma gewoonlijk bepaald door de motivatie om te helpen, een positieve sfeer voor anderen te scheppen.

Als u liefde aan een medemens toont, toont u liefde aan uw God.

Het grootste probleem van de mensheid is de dreiging van een kernoorlog. Dat is geen loze kreet, maar een serieus vraagstuk over leven en dood.

Het doel van religie is
de zorgzame kant van het hart
te versterken.

Echte vrede tussen landen kan alleen ontstaan uit wederzijds respect, niet uit wapens of geweld.

De hoogste geestestoestand is
helder licht, maar de helderheid
kan worden vertroebeld door
negatieve emotionele toestanden
als woede, haat of angst.

Het verlangen naar democratie
en vrijheid is mensen
aangeboren. Geweld kan dat
nooit tegenhouden.

Als we mededogen en liefde
koesteren, is verdraagzaamheid
van essentieel belang voor ons,
en daarvoor is een vijand
onmisbaar. We moeten dus onze
vijanden dankbaar zijn,
want zij kunnen ons het beste
helpen een kalme geest te
ontwikkelen.

We hebben allemaal ervaringen
die we later vergeten, maar die
wel hun stempel op ons drukken.

Ik heb nog steeds veel behoefte
aan spirituele verbetering
in mezelf.

De mensheid heeft in de afgelopen eeuw veel wonderen gezien, zoals technologische ontwikkelingen, maar ze heeft ook het grootste aantal mensen gezien dat door geweld en oorlog is vermoord.

In de boeddhistische traditie zou u het boeddhaschap nastreven. In een christelijke context gebruikt u misschien niet dezelfde bewoordingen, maar u kunt wel zeggen dat u streeft naar de volmaaktheid van de goddelijke natuur, of de vereniging met God.

Tibetanen bezitten het vermogen om spirituele kwaliteiten te combineren met een realistische en praktische houding. Ik geloof dat we dankzij dit vermogen een bijzondere bijdrage kunnen leveren, hoe bescheiden ook.

Er rijzen problemen als iemand te veel zelfrespect heeft en bereid is het welzijn van anderen uit te buiten of geheel op te offeren aan het najagen van eigenbelang.

We moeten met andere mensen
delen, want dat soort vriendschap
is iets heel bijzonders.

Tibetanen hebben een gezegde: als u slecht nieuws hoort, luistert u hier (het rechteroor) en laat het daar naar buiten (het linkeroor).

Het maakt voor mij geen verschil of iemand president, bedelaar of koning is.

Als we vrede voor onszelf willen garanderen, moeten we beginnen vrede voor anderen tot stand te brengen.

Ik let nooit op wat voorbij is,
ik kijk altijd naar voren.

Ik ben erg opgewekt van aard.

Als we ons gedrag willen veranderen, is motivatie de belangrijkste factor. Ook moeten we dan meer aandacht schenken aan onze geestelijke toestand.

Vrede begint in ieder van ons.
Als we innerlijke vrede hebben,
kunnen we vrede hebben met de
mensen om ons heen.

Naarmate meer mensen in
overeenstemming met hun
specifieke talenten worden
opgevoed en opgeleid, proberen
ze zichzelf meer uit te drukken in
een democratisch stelsel.

Schade aan het milieu wordt vaak geleidelijk toegebracht en is niet altijd gemakkelijk te zien. Tegen de tijd dat we de schade opmerken, is het vaak al te laat.

Een gedisciplineerde geest helpt ons onze woede in bedwang te houden.

Wat ik het plezierigst vind van de Amerikaanse cultuur, is het gemak waarmee je contact met mensen kunt maken.

Geloof leidt tot een hoger bestaansniveau, terwijl rede en analyse ons naar de totale bevrijding leiden.

Ten behoeve van toekomstige generaties moeten we goed voor onze aarde en ons milieu zorgen.

Innerlijke vrede is de sleutel.
Als u innerlijke vrede bezit,
hebben externe problemen geen
invloed op uw diepe gevoel van
vrede en rust.

Openstaan voor de problemen
van mensen, oprechtheid,
eerlijkheid en
verantwoordelijkheidsgevoel zijn
van groot belang bij het geven
van leiding en zijn ook een bron
van voldoening.

Het bereiken van het nirwana
betekent bevrijding uit de
eindeloze kringloop van lijden,
die wordt veroorzaakt door de
begeerte naar te veel geld en
te veel macht en
het streven naar geluk door
zintuiglijke genoegens.

Het wezen van het boeddhisme is dat u anderen helpt als u dat kunt. Zo niet, zorg er dan in ieder geval voor dat u anderen geen pijn doet.

Politieke leiders zouden meer spirituele waarden moeten naleven dan de wijzen die op bergtoppen leven.

We moeten elkaar helpen als we problemen hebben, en we moeten het geluk delen dat we genieten.

Het belangrijkste is mededogen
te hebben en een positieve
houding te bevorderen.

Omdat we allemaal dezelfde behoefte aan liefde hebben, kunnen we voelen dat iemand die we ontmoeten, in welke situatie dan ook, een broer of zuster van ons is.

Mensen zijn geen machines; we zijn iets meer. We hebben gevoelens en ervaringen. Materiële genoegens zijn niet voldoende om ons tevreden te stellen. We hebben behoefte aan iets diepers – aan menselijke genegenheid.

Een goed mens zijn, dat is het allerbelangrijkste. Ik probeer zelf ook een goed mens te zijn. Soms lukt dat niet, maar ik probeer het altijd. Dat is een bron van ons eigen geluk.

Vrijheid is een menselijke behoefte; het kan zelfs meer dan menselijk zijn. Ik heb een kat. Mensen geven die kat te eten; ze vertroetelen hem en geven hem alles wat hij nodig heeft. Maar telkens als het raam een stukje openstaat, rent hij weg.

Vooral in een welvaartsstaat
willen mensen altijd verandering,
verandering en nog eens
verandering.

Zolang de ruimte bestaat en
zolang er verstandige mensen
zijn, hoop ik ook te mogen
blijven om de mysteriën van de
wereld te verhelderen.

In een samenleving waarin
mensen behoefte hebben aan
vooruitgang, is het van essentieel
belang dat ze vrijheid bezitten.

Mensen die oorlog voeren in naam van hun godsdienst, hebben nog nooit voorbij hun eigen godsdienst gekeken naar de geloofsovertuigingen die ze bestrijden. Als ze andere overtuigingen zouden onderzoeken, zouden ze inzien dat daar hetzelfde verlangen naar transformatie bestaat.

We moeten onze innerlijke
waarden niet verwaarlozen.
Als we slaaf van geld worden,
kunnen we niet gelukkig zijn.
Als we verwachten dat al onze
problemen met uiterlijke
middelen worden opgelost, is dat
een vergissing.

Menselijke intelligentie moet goed worden gebruikt. Alleen dan kan lichamelijke pijn worden verlicht en kunnen we een zinvol leven leiden.

Als we elk zelfzuchtig nastreven
naar wat we in ons eigen belang
achten, zonder te letten op de
behoeften van anderen,
brengen we uiteindelijk niet
alleen anderen schade toe,
maar ook onszelf.

Als een probleem te verhelpen is, als een situatie zodanig is dat u er iets aan kunt doen, hoeft u zich geen zorgen te maken. Als het niet te verhelpen is, heeft het geen zin erover te tobben. Het heeft geen enkel nut te tobben over wat dan ook.

Er kan geen vrede zijn zolang er armoede, maatschappelijk onrecht, ongelijkheid, onderdrukking en milieuvervuiling bestaan, en zolang de kleinen en zwakken worden onderdrukt door de groten en machtigen.

Tirannie is per definitie in strijd
met de menselijke natuur.
Het kan niet werken. Het is tegen
de wet van de natuur in en
daarom kan geen enkele kracht
voorkomen dat de menselijke
natuur overwint.

De boeddhistische cultuur leidt
tot een vriendelijker houding
tegenover de natuur en tegenover
andere mensen.

Het is mijn overtuiging dat terwijl
de 20e eeuw een eeuw van oorlog en
onvoorstelbaar lijden is geweest,
de 21e eeuw er een van vrede en
dialoog moet worden.

Ik geloof dat economische
vooruitgang en respect voor
individuele rechten nauw met
elkaar samenhangen.
Een maatschappij kan economisch
niet volledig bloeien als het volk
geen individuele burgerlijke en
politieke rechten bezit.

Ik probeer de waarde van mededogen te promoten. Mededogen moet niet slechts gericht zijn op degenen die u dierbaar zijn, maar juist op alle mensen, ongeacht wat iemand u aandoet en of hij uw vijand is of niet.

Ik ben altijd een tegenstander
van geweld.

Tashi Delek

– Tibetaans voor 'Goede wensen'

Hoewel de grote wereldreligies
verschillende theologieën en
tradities hebben, delen ze een
gemeenschappelijk doel van
mededogen en vrede.

De weg naar geluk is bezaaid met landmijnen. Dat zijn destructieve emoties die pijn en leed veroorzaken. Ze kunnen elk moment worden geactiveerd door mensen die de tegengiffen niet kennen en niet weten hoe ze het negatieve met het positieve kunnen overwinnen.

De religies kunnen bijdragen aan de wereldvrede als er vrede en steeds meer harmonie tussen de diverse geloofsovertuigingen zijn.

Er zijn veel gebieden waarop de menselijke geest ernaar streeft zijn diepste verlangens en ideeën uit te drukken. Daarvan is muziek misschien wel het meest universeel. Muziek symboliseert het zoeken van de mens naar harmonie, met zichzelf en met anderen, met de natuur, en met het spirituele en heilige in ons en om ons heen.

Spiritualiteit zou mensen
duidelijk moeten maken waar het
om gaat, namelijk tevredenheid,
zelfdiscipline, zorgzaamheid,
delen, vergeving en
verdraagzaamheid.

Als er tragische dingen gebeuren, is dat volgens mij aan de oppervlakte. Het is als een oceaan. Aan de oppervlakte ontstaat er een golf en soms is die golf heel krachtig en dreigend. Maar hij komt en gaat, komt en gaat, en onder de oppervlakte blijft de oceaan altijd kalm.

Ik geloof dat wij vanwege onze intelligentie ook in staat zijn oneindig altruïsme te ontwikkelen.

Als u uw eigen religie heel intens beoefent, kunt u gemakkelijker de waarden van andere religies inzien.

Enkele van de grootste problemen in de wereld, zoals oorlog, geweld, drugsgebruik en uitbuiting van kinderen, worden veroorzaakt door mensen die niet nadenken over de gevolgen van hun handelingen en slechts gedreven worden door begeerte naar geld.

U kunt gemoedsrust niet in een winkel kopen – althans niet zolang uw hersenen nog niet zijn vervangen door computers.

Ik geloof dat de oude waarden
die de mensheid hebben
gedragen, in deze tijd zichzelf
opnieuw bevestigen om ons voor
te bereiden op een vriendelijker
en gelukkiger eeuw.

Ik probeer altijd op een dieper niveau te denken en manieren te vinden om te troosten.

Mededogen, respect en begrip
kennen geen nationale grenzen.

Moeders zijn de eerste lama's, of goeroes, van mededogen; onze spirituele lama's komen later in ons leven. Moeders leren ons de kracht en waarde van mededogen vanaf het moment van onze geboorte.

Ondanks alle verschillen in
klasse of ideologie hebben we in
geestelijk en emotioneel opzicht
allemaal dezelfde aard.

Onze planeet is gezegend met
grote natuurlijke schatten.
Als we ze verstandig gebruiken en
om te beginnen militarisme en
oorlog afschaffen, zal ieder mens
een gezond en gelukkig leven
kunnen leiden.

Als u ontspannen bent, werken uw hersenen effectiever dan wanneer u dat niet bent. Tibetanen zijn over het algemeen heel opgewekt. In ons gezin werd altijd gelachen.

Alle grote religies verdienen
respect en zijn, als ze serieus
worden beoefend, wegen naar
liefde en vrede.

Respect voor fundamentele
mensenrechten zou geen ideaal
moeten blijven, maar een
noodzakelijke basis voor elke
samenleving.

Uiteindelijk zijn er geen
tegenstellingen – zwart noch wit,
onderdrukker noch slachtoffer.
We hebben allemaal met elkaar
te maken op de reis naar geluk
die 'verlichting' wordt genoemd.

Ik geloof dat wij Tibetanen het recht hebben onze eigen unieke culturele erfenis te behouden. Ik geloof ook dat het Tibetaanse volk zelf moet kunnen bepalen hoe zijn toekomst, regeringsvorm en maatschappij eruitzien.

Iedereen heeft behoefte aan enige ontspanning, geestelijk zowel als lichamelijk. Die twee vormen van ontspanning komen samen in één punt.

Met geweld lost u misschien wel een probleem op, maar u zaait het zaad voor een volgend probleem.

Het is niet voldoende te zeggen
dat geweld verkeerd is.
We moeten naar groter
mededogen met mensen streven.

Zonder een gevoel van universele verantwoordelijkheid worden ons bestaan en ons leven in de toekomst bedreigd.

Alle menselijke activiteiten zijn
opbouwend als ze door
genegenheid worden gedragen.
Als ze volkomen gescheiden zijn
van menselijke genegenheid,
worden diezelfde activiteiten
mechanisch en kunnen ze echt
rampen veroorzaken.

Ik maak me niet echt druk om politieke status. Ik zet me in om deze unieke Tibetaanse cultuur te beschermen. Onze cultuur heeft duidelijk bescherming nodig om op haar beurt de mensheid te helpen.

De kloof tussen arm en rijk heeft heel wat problemen veroorzaakt... die enorme kloof is erg betreurenswaardig.

Sommige mensen beschouwen mij als genezer. Dat is absoluut niet juist. Als er een echte genezer bestaat, wil ik hem ontmoeten.

Glimlach als u een glimlach op
een ander gezicht wilt zien.

Als mensen focussen op 'mijn leven', 'mijn leven', 'mijn leven', is dat vernietigend voor hun vermogen tot mededogen. Vanuit dat gezichtspunt blijkt een klein probleem een reusachtig probleem te zijn en slechts tot meer ongeluk, frustratie, onzekerheid en angst te leiden.

Ik wil zonder enige aarzeling zeggen dat geluk het doel van ons leven is.

Hoe meer we op anderen focussen, des te meer bekommeren we ons om anderen. Het lijkt innerlijke kracht te geven.

Hoewel onze problemen
ernstig en ingewikkeld zijn, ligt
het in onze macht om ze aan te
pakken en te verhelpen.
De oplossing kan alleen
gebaseerd zijn op een
benadering die zelfzuchtige en
lokale behoeften overstijgt.

Als alles er wanhopig uitziet,
hoeven we niet net te doen
alsof alles mooi is. We moeten
de werkelijkheid accepteren.
Die houding heeft mij geholpen
dichter bij de werkelijkheid
te komen.

Sommige verhalen van Jezus Christus lijken wonderen. Maar vanuit boeddhistisch standpunt zijn ze te verklaren door een innerlijk element. Er zijn vijf externe elementen, maar ook vijf interne. Door te mediteren kunnen we dingen veranderen en elkaar beïnvloeden. Zo zijn wonderen te verklaren.

Het is belangrijk niet de onrealistische verwachting te hebben dat we een magische sleutel zullen vinden waarmee we al het lijden kunnen opheffen. Het vergt vastberadenheid, geduld en meer dan één week.

Slechts een klein deel van de 6,5 miljard mensen op aarde houdt zich bezig met geweld. De overweldigende meerderheid verricht daden van liefde en zorgzaamheid en deelt met anderen.

Elke religie heeft bepaalde
unieke ideeën of technieken.
Het kan ons eigen geloof
alleen maar verrijken als we
daarvoor openstaan en
ervan leren.

In mijn geest ben ik een monnik, een boeddhistische monnik. Een aanwijzing daarvoor zit in mijn dromen; soms krijg ik bepaalde dromen en heb ik altijd meteen het gevoel dat ik een monnik ben. In mijn dromen heb ik nooit het gevoel een Dalai Lama te zijn.

Ik begrijp dat in sommige gevallen daden van geweld uit wanhoop worden gepleegd. Maar dat is fundamenteel verkeerd. Geweld lijkt op een krachtige pil. Het kan wel werken, maar de bijwerkingen kunnen even heftig zijn.

Als er oorlog wordt gevoerd en we allemaal die vreselijke wapens gebruiken, kan er geen overwinning zijn. Aan beide kanten is er lijden.

Bied tegenstand als dat nodig is,
maar blijf naar uw doel streven
en houd dat vol totdat u het
heeft bereikt.

Met innerlijke ontwapening
bedoel ik dat we onszelf ontdoen
van alle negatieve emoties die
tot geweld leiden.
Uiterlijke ontwapening zal ook
geleidelijk moeten plaatsvinden,
stap voor stap.

Als we intensief contact met
elkaar ontwikkelen, kunnen
we meer te weten komen
over elkaars tradities.
Op die basis wordt het mogelijk
een gezamenlijke inspanning
te leveren.

Op het uiterlijke vlak zijn er verschillen tussen ons en op godsdienstig gebied zijn er natuurlijk ook verschillen tussen ons. Maar die zijn allemaal van ondergeschikt belang. Menselijk mededogen komt niet voort uit een godsdienstige tekst. Mededogen zit in ons bloed.

Een geest die wordt gekenmerkt door onrust, zal zelfs in een zeer kalme omgeving niet rustig zijn.

Volgens mij wordt politiek smerig omdat politici smerig worden, ook al is politiek op zich een middel waarmee problemen in de samenleving kunnen worden opgelost.

Alle grote religies hebben
hetzelfde vermogen om goede
mensen te creëren.

In al deze decennia is mededogen bij uitstek het middel geweest waarmee ik mijn gemoedsrust in stand heb gehouden.

Aan het eind van de afgelopen
eeuw leken wetenschap en
spiritualiteit onverenigbaar.
Nu zijn ze dichter bij elkaar
gekomen.

Verwar gemoedsrust niet met sufheid en ongevoeligheid. Een waarlijk vredige geest is zeer gevoelig, zeer alert.

Woede geeft ons niet alleen
energie, maar ook blindheid.

Sommigen zeggen dat de omvang van de bevolking in orde is en zelfs kan blijven groeien, omdat de wetenschap nieuwe bronnen van energie en dergelijke zal vinden. Maar zelfs als we tien miljard mensen in leven kunnen houden, zullen het er na verloop van tijd vijftien miljard zijn en daarna twintig miljard. Dat is onmogelijk!

Het zaad van nirwana schuilt in ons allemaal. De tijd is gekomen om op een verstandiger manier te gaan denken, nietwaar?

Ik vind dat een mens niet twee
kanten moet hebben – een
privékant en een publieke kant.
Er zou geen kloof moeten zijn;
dat is niet eerlijk.

Islamitisch, hindoeïstisch, christelijk of boeddhistisch – de religie zou niet ter zake moeten doen.

Ik propageer harmonie op basis
van wederzijds respect voor
elke religie.

Als we te veel verwachtingen
hebben, kunnen we uiteindelijk
teleurgesteld raken.

We hebben wat meer
mededogen nodig en als we dat
niet kunnen ontwikkelen, kan
geen enkele politicus of zelfs
magiër de planeet redden.

Als balling heb ik geen behoefte aan ceremoniën. Ik kom dichter bij mensen, bij de werkelijkheid. Dat is erg nuttig als je in een wanhopige situatie belandt.

Ik doe mijn best om zoveel mogelijk verantwoordelijkheid als mens aan de wereld bij te dragen – dat is alles.

Als u anderen helpt en dient,
zult u daar uiteindelijk
baat bij hebben.

De meeste mensen geloven dat het pad van mededogen en geweldloosheid iets met religie te maken heeft. In feite is het wereldse ethiek en is er geen verband met religie.

Ik ben er fundamenteel van overtuigd dat alle mensen dezelfde basisidealen hebben: dat we allemaal geluk willen en dat we allemaal elkaars lijden delen. Aziaten, Amerikanen, Europeanen en de rest van de wereld delen een verlangen om het leven ten volle te ervaren, om onszelf en het leven van onze dierbaren te verbeteren.

We moeten de hele wereld als een eenheid behandelen. Het is niet mogelijk geïsoleerd te blijven van de rest van de mensheid.

Als ik zeg dat de menselijke natuur vriendelijk is, is dat niet voor honderd procent waar. Ieder mens heeft die natuur, maar er zijn veel mensen die tegen hun natuur in handelen en onbetrouwbaar zijn.

Het is praktisch een bepaalde geestelijke houding te hebben waarmee we onze problemen kunnen terugdringen.

Het bereiken van geluk is niet louter een kwestie van onderricht en kennis, ook al zijn ze belangrijk. Mededogen en geweldloosheid zijn eveneens belangrijk.

Haat komt voort uit vorige levens. Haat is niet diepgeworteld zoals wijsheid en mededogen, en kan daarom worden uitgerukt en weggehaald.

Ik geloof in menselijkheid. De mate waarin iemand menselijk is, is belangrijker dan zijn of haar geloof of overtuiging.

Om geweldloosheid, die een fysieke expressie van mededogen is, te verwezenlijken moeten we eerst aan innerlijke ontwapening werken. Daarna kunnen we aan uiterlijke ontwapening beginnen.

Veel problemen zijn het gevolg
van ideologische of zelfs
godsdienstige conflicten.
Mensen bestrijden elkaar om
middelen of methoden, maar
verliezen daarbij het zicht op
hun menselijke doelen.

Als geweld eenmaal begint, is het van nature zeer onvoorspelbaar. We beginnen ermee beperkt gebruik van geweld goed te keuren. Dan komt er een tegenreactie, die moeilijk is tegen te houden. Verwoesting is het gevolg. Daarom ben ik van mening dat het altijd beter is geweld te vermijden.

De belangstelling voor het boeddhisme is nog steeds heel groot. Daarom kan de Tibetaans-boeddhistische cultuur helpen bij het bevorderen van... meer mededogen. En als het land met de grootste bevolking meer mededogen kan ontwikkelen, zou dat volgens mij iets heel moois zijn.

Als we accepteren dat anderen
evenveel recht op vrede en geluk
hebben als wijzelf, hebben we
dan niet de verantwoordelijkheid
hen daarbij te helpen?

Als we ons om anderen
bekommeren, is dat een grote
weldaad voor onszelf.

Als u voor uzelf een toestand van welzijn heeft ontwikkeld door inzichten toe te passen, is tijd niet belangrijk. Als u zich ellendig voelt, heeft tijd opeens een andere betekenis. Dan is uw situatie zo ondraaglijk, zo afschuwelijk, dat u er zo snel mogelijk uit wilt komen.

In mijn ervaring ligt er te veel nadruk op wat van ondergeschikt belang is, terwijl alle aandacht gericht zou moeten zijn op wat wezenlijk is. Het is van wezenlijk belang dat de mens zich van binnenuit kan transformeren.

We moeten een duidelijk
onderscheid maken tussen
religieuze instellingen en
godsdienstige praktijk. Religieuze
instellingen en politiek moeten
gescheiden blijven.

Zolang we met elkaar op deze planeet zijn, hebben we behoefte aan vriendelijkheid en menselijke genegenheid.

We bidden, o Barmhartige Heer,
geef in de hemel beschutting
aan degenen die alles wat ze
hebben, opofferen en sterven
voor hun geloof.
Vervul, o Heer, ons verlangen,
eeuwig gekoesterd
onverminderd,
Dat ons geliefde Land van
Sneeuw weer vrij zal zijn.

– Tibetaans gebed,
uitgesproken door Zijne Heiligheid

Ik kijk altijd naar het wezen van religie en cultuur, naar wat echt nuttig is in ons dagelijks leven. Dat moeten we namelijk onderscheiden van het ceremonieel en van de sociale gewoonten.

Oorlog, het verlangen de vijand te vernietigen, is een verouderd concept, vooral in deze tijd, nu de belangen van alle mensen op aarde met elkaar verstrengeld zijn. Als u een ander mens raakt, is het alsof u een deel van uw eigen lichaam raakt.

Elke daad die wordt verricht,
heeft gevolgen in dit leven of in
een volgend leven.

Als onze geest wordt overheerst
door haat, kunnen onze hersenen
geen beslissingen voor de korte
en de lange termijn nemen.

Geweldloosheid is niet slechts de afwezigheid van geweld. Geweldloosheid is elke daad die voortvloeit uit oprecht mededogen.

We zijn allemaal mensen; we hebben allemaal dezelfde ervaringen. Op het gebied van mensenrechten zijn er geen verschillen tussen rijken en armen, geschoolden en ongeschoolden, zelfs niet tussen de koningin van Engeland en een bedelaar op straat.

Verandering vindt alleen plaats door actie. Om het ronduit te zeggen: niet door gebed of meditatie, maar door daden.

Het is het beste niet al te opgewonden of te gedeprimeerd te raken door voorspoed of tegenslag in ons leven.

We moeten een breder perspectief hanteren en altijd gemeenschappelijke aspecten zoeken tussen mensen in het noorden, oosten, zuiden en westen. Conflicten hebben hun oorsprong in verschillen.

Gevoelens van woede, haat en verbittering zijn negatief. Als ik ze in mijn innerlijk zou hebben, zouden ze mijn lichaam en mijn gezondheid schaden. Ze hebben geen enkel nut.

Het Tibetaanse boeddhisme
brengt op een bepaald niveau
dezelfde universele boodschap
als het christendom – bemin uw
naaste als uzelf.

Zonder innerlijke vrede is
wereldvrede onmogelijk.
Door mededogen, door liefde
kunnen we een ware familie van
mensen worden. Door liefde
kunnen we echt geluk bereiken,
echte ontwapening.

Soms wordt godsdienst de zoveelste bron van verdeeldheid en zelfs van openlijk conflict. Daarom ben ik van mening dat de diverse godsdienstige tradities een grote verantwoordelijkheid hebben om gemoedsrust te bieden en een gevoel van broederschap en zusterschap onder de mensen te ontwikkelen.

Er is een fenomenologisch verschil tussen zelf pijn ervaren en de pijn en het lijden van een ander delen. Uw eigen pijn is onvrijwillig; u voelt zich overweldigd en heeft er geen controle over. Als u de pijn van een ander deelt, geeft dat een gevoel van onbehagen, maar er is ook een zekere stabiliteit omdat u die pijn vrijwillig accepteert. Het geeft u een gevoel van vertrouwen.

Veel van onze problemen zijn gecreëerd door onze eigen onwetendheid, hebzucht en onverantwoordelijke daden.

Ik heb vaak het verlangen om naar een zeer afgelegen gebied te gaan. Als ik naar een Tibetaan luister die een verblijf in de bergen achter de rug heeft en mij vertelt over de manier van leven daar, in een kale kamer, zonder goud of brons, ben ik daar erg jaloers op.

De belangstelling voor innerlijke waarden neemt toe. Mensen hebben veel materiële bezittingen, maar ze zijn niet gelukkig. Mensen beginnen te beseffen dat materiële welstand alleen niet het volledige antwoord op het leven is. Dat is mijn indruk.

De belangrijkste oorzaak van lijden is het egoïstische verlangen naar eigen comfort en geluk.

De periode waarin we de meeste
kennis en ervaring opdoen, is de
moeilijkste periode in ons leven.
In een moeilijke periode kunt u veel
leren. U kunt dan innerlijke kracht,
vastberadenheid en de moed om
problemen onder ogen te
zien ontwikkelen.

In het belang van iedereen,
van de hele mensheid, heeft
de kunstenaar de
verantwoordelijkheid zijn
medium goed te gebruiken. In de
Tibetaanse cultuur hebben de
meeste schilderingen godheden
of boeddha's als onderwerp; ze
proberen de waarde van het
spirituele over te brengen.

Geweldloosheid is geen kwestie
van heiligheid, het is een kwestie
van realiteit.

Ik geloof dat de mensheid in de twintigste eeuw heeft geleerd van vele, vele ervaringen. Enkele positieve en veel negatieve. Wat een ellende, wat een verwoesting! Het grootste aantal mensen werd vermoord in de twee wereldoorlogen. Maar de menselijke natuur is zodanig dat als we in een buitengewoon kritieke situatie belanden, de menselijke geest kan ontwaken en een alternatief kan zoeken. Dat vermogen bezit de mens.

Als u mij vraagt naar mijn vorige leven, tja, dan weet ik dat niet. Op deze planeet of een andere planeet, ik heb geen idee.

Ieder mens dient te beseffen dat
de toekomst van de mensheid
afhankelijk is van zijn huidige
denken en doen.

Zolang ik leef, moet ik mijn tijd
en mijn leven goed gebruiken.
Het maakt me niet uit hoe
mensen mij na mijn dood
herinneren.

We moeten de mensheid in haar
geheel als een eenheid
beschouwen. Individuele wezens
moeten worden gerespecteerd in al
hun verscheidenheid en de
veelheid van religies moet een
bron van verrijking zijn,
net zoals we van uiteenlopende
gerechten genieten.

Er zijn in feite meer redenen voor mededogen met geweldplegers dan met slachtoffers, want zij veroorzaken een heel nieuwe veldslag met hun problemen.

Ik ben slechts een mens en
toevallig een Tibetaan die ervoor
kiest een boeddhistische monnik
te zijn.

Het enige doel van meditatie is de geest te beheersen en het aantal pijnlijke emoties terug te dringen.

Liefde, mededogen en vergeving
– dat zijn de dingen die ik
verkondig.

Eerst mediteert u over leegte. De geest, of de wijsheid, is het besef van de leegte van de natuur, de leegte van de werkelijkheid. Deze geest wordt getransformeerd in de vorm van de godheid. En dan wordt het beeld van die godheid een object en proberen we het te beseffen, proberen we te mediteren over de uiterlijke realiteit van die godheid.

Ik heb altijd geloofd in liefde, mededogen en een gevoel van universeel respect. Ieder mens heeft dat potentieël.

Enkele jaren geleden kwam een oude boeddhistische non van tachtig jaar of ouder mij vlak voor haar dood opzoeken. Ze vertelde dat ze toen ze jong was, in de hoge bergen van Tibet bij een oude lama studeerde. Ze zag daar eens twee leerlingen van hem van de top van een berg naar de overkant van de vallei vliegen... Misschien gehallucineerde ze, dat weet ik niet. Zulke verschijnselen doen zich voor. Zelfs in onze generatie worden bijzondere gebeurtenissen gemeld.

U dient dagelijks meer aandacht te schenken aan uw geest dan alleen aan geld, geld en nog eens geld!

Vroeger had ik een godsdienstige assistent die altijd tegen me zei: ‘Als je echt met volle overgave lacht, is dat heel goed voor je gezondheid.’

Ik beschouw mezelf altijd in de
eerste plaats als monnik.
Een boeddhistische monnik.
De Dalai Lama komt daarna.

We streven allemaal naar
hetzelfde door middel van
verschillende filosofieën.
De verscheidenheid van
overtuigingen is dan ook heel
nuttig. Het is ondenkbaar
dat er één religie voor iedereen
zou zijn.

Om te beginnen moeten we veranderen. Ik kijk eerst naar mezelf, onderzoek mezelf en verwacht daarna veranderingen van anderen.

Als het dierbare leven op aarde
voor een probleem staat omdat
er te veel mensen zijn, is het
logisch en verstandig een
kritische blik op de omvang
van de bevolking te werpen.

Ik heb niets anders te bieden dan mijn gedachten, overtuigingen en ervaringen. Maar omdat we allemaal dezelfde mensen zijn in geestelijk, emotioneel en fysiek opzicht, heeft u misschien enkele ideeën over hoe u uw dagelijkse problemen kunt aanpakken.

Er zullen altijd problemen zijn, maar ze dienen te worden opgelost met dialoog en discussie, niet met oorlog en bloedvergieten.

Wie ervaring opdoet, doet kennis
op. U kunt mededogen, liefde
en vergeving bieden.
U kunt uzelf veranderen.

De boeddhist gebruikt de woorden
van de Boeddha slechts als
een sleutel. We leggen nadruk
op de menselijke rede... en op
onze eigen ervaring bij het
beoordelen of we iets overtuigend
en betrouwbaar vinden.

We geloven dat de hele wereld ontstaat en vergaat, verschijnt en verdwijnt. Uiteindelijk zal de wereld verlaten raken en zullen zelfs de oceanen opdrogen. Maar dan zal er weer een nieuwe wereld ontstaan. Dat gaat eindeloos door.

In het Oosten hebben we meer materiële goederen en ontwikkeling nodig. In het Westen moeten mensen hun geest ontwikkelen om vrede en geluk in stand te houden. Daarom denk ik dat we kunnen profiteren van uitwisseling.

Geweldloosheid is de enige weg. Zelfs als u een doel bereikt met gewelddadige middelen, heeft dat altijd bijwerkingen en die kunnen erger zijn dan het probleem. Geweld is tegen de menselijke natuur.

Ontwikkel zowel uw hersenen als een warm hart. Die twee dingen dienen samen te gaan.

Als mensen zich in het
boeddhisme willen verdiepen,
kunnen ze het beste aannemen
wat het geschiktst en het
heilzaamst voor hen is,
en de rest vergeten.

We hebben aanzienlijke
materiële vooruitgang geboekt,
maar in wezen zijn we even ver
als een paar duizend jaar
geleden. Onze spirituele
behoeften zijn nog steeds
erg groot.

Iedereen praat graag over rust en vrede, in het gezin, op nationaal of internationaal niveau. Maar hoe kunnen we echte vrede maken als we geen innerlijke vrede kennen?

Zelfzuchtige motieven leiden tot smerige politiek, maar goede motieven die een religieuze basis hebben, kunnen tot goede politieke resultaten leiden.

Oosterse filosofie en westerse wetenschap zouden een goed huwelijk kunnen hebben, zonder dat ze zouden gaan scheiden.

Als u zich ontmoedigd voelt, kan dat een bron van mislukking zijn. Doe altijd uw best met hoop en moed.

De duisternis van geweld kan alleen worden verlicht door mededogen. Daarom moeten we mededogen krachtig propageren om een positief resultaat tot stand te brengen.

Telkens als u met ongemakken en calamiteiten te kampen heeft, dient u te weten hoe u ze een positieve draai kunt geven. U moet begrijpen dat uw eigen slechte daden de factoren zijn die u schade berokkenen.

Soms is het nuttig
als er meer stilte is.

Ik geloof dat het boeddhisme
het beste voor mij is.
Mensen hebben de
mogelijkheid zelf een keuze
te maken op grond van
hun karakter.

Omdat we met zijn allen deze kleine planeet Aarde delen, moeten we in harmonie en vrede met elkaar en met de natuur leven. Dat is niet slechts een droom, maar een pure noodzaak.

Wees een goed mens, een hartelijk en liefdevol mens. Dat is mijn fundamentele overtuiging.

Ieder mens moet
verantwoordelijkheid nemen voor
de situatie van de mensheid. Wie
zou het anders moeten doen?
Dieren kunnen het niet. Vanwege
onze geest, onze intelligentie,
moeten we voor de wereld zorgen
alsof het onze enige woning is.

Ik houd altijd de noodzaak voor ogen iedereen te vrijwaren van enig ongemak of probleem.

Het is niet juist zegeningen van
buitenstaanders te willen hebben.
Uw leven rust op uw eigen
schouders. Blind geloof is
niet gezond.

De menselijke natuur is
zodanig dat als u een nieuwe
levens-houding wilt
rechtvaardigen,
u altijd geneigd zult zijn
kritisch te doen over uw vorige
religie. Maar het betekent niet
dat uw vorige religie niet
langer werkt voor miljoenen
andere mensen. Uit respect
voor die miljoenen anderen
dient u uw vorige religie te
respecteren.

Volgens mij is een verscheidenheid aan religies veel beter, omdat de geest behoefte heeft aan allerlei voedsel, net als het lichaam. Als in een restaurant maanden achter elkaar hetzelfde menu zou worden opgediend, zouden er volgens mij geen gasten meer komen.

Volgens mij is er voor één zaak
één waarheid, één religie. Maar
voor verschillende mensen of
gemeenschappen of
samenlevingen zijn er
verschillende waarheden,
verschillende religies.

Soms doe ik niets anders dan tobben – ik heb zoveel verantwoordelijkheden. Maar ik probeer dat om te vormen tot meer vastberadenheid voor Tibet en probeer de boeddhistische leer in praktijk te brengen.

Onze kracht is waarheid, gerechtigheid, rede en menselijk begrip.

Woede is echt de grootste brokkenmaker. Naar mijn mening kan een mens best zijn krachtige afkeuring van of weerzin tegen iets duidelijk maken zonder zijn zelfbeheersing te verliezen.

Leer van het boeddhisme als u dat nuttig vindt... maar doe het als een goed christen of jood of moslim of wat u ook bent, en wees een goede vriend voor ons.

Veel mensen zijn niet gelukkig. Dat ongeluk is de oorzaak dat ze de hoop verliezen, en op het laatst zijn ze wanhopig en gaan zich te buiten aan drugs, alcohol en andere vluchten uit de werkelijkheid.

Ik probeer altijd mijn best te doen.

Ik houd me aan de voorschriften
van een monnik en dat kan
niemand veranderen.
Het monnikschap hoort dus echt
bij me... Dus als mensen me een
god-koning noemen, ben ik toch
nog steeds een monnik.
Niet meer en niet minder.

Ik denk dat ik vergeleken bij andere mensen niet veel heb om me zorgen over te maken.

Als mensen hun bezoek aan de nachtclub of de disco zouden opofferen voor een vroege ochtendmeditatie, zou dat de wereld heel wat vrediger maken.

Vreedzaam samenleven en compromissen sluiten zijn tegenwoordig een politieke realiteit. We moeten de wereld als een eenheid beschouwen.

Als u eenmaal de waarde van uw eigen traditie begrijpt, kunt u de waarde van andere tradities gemakkelijker inzien.

Als boeddhistische monnik vind ik het altijd heel interessant met wetenschappers te praten over de relatie tussen de hersenen en de geest, en een nieuwe manier van denken te vinden.

Een spirituele sfeer is erg belangrijk.
Religie zou een deel van ons
dagelijks leven moeten zijn.

Democratie, vrije verkiezingen, persvrijheid en onafhankelijke rechtspraak, dat is de beste garantie voor de naleving van mensenrechten.

Als ik denk aan de waarden van altruïsme, raakt mij dat vaak heel diep.

We praten altijd over het joodse volk dat over zoveel landen is verspreid en zoveel talen spreekt. Toch handhaven de joden hun tradities. Dat is iets heel bewonderenswaardigs. Wij kunnen veel leren van de ervaringen van onze joodse broers en zusters.

Nelson Mandela's houding en geest van verzoening zijn schitterend geweest. Het heeft deze theoretische idealen tot een politieke realiteit gemaakt.

Zolang we als mensen leven, is er iets wat we eraan kunnen doen. Het is een grote vergissing dit leven als vruchteloos te beschouwen. Wij hebben zo'n schitterende kans. We hebben iets meer geduld en vastberadenheid nodig. Het heeft geen zin ons futiele zorgen te maken.

Als we de haat in onszelf
terugdringen, doen we aan
inwendige ontwapening.

Moeder Aarde laat ons de rode waarschuwingslamp zien. Wees voorzichtig, zegt ze. Voor de planeet zorgen is hetzelfde als voor ons eigen huis zorgen.

Mededogen is niet slechts een
religieuze aangelegenheid, maar
is ook onmisbaar in het leven.
Intelligentie speelt ook een rol in
het veroorzaken van conflicten.

Als iets wat ik heb gezegd, u nuttig in de oren klinkt, ben ik blij. Zo niet, maak u dan geen zorgen. Vergeet het gewoon.

Er is op dit moment een kloof tussen de overvloed in de Eerste Wereld en de hongersnood in de Derde Wereld (al is in sommige gevallen de hongersnood het gevolg van onverschilligheid van de eigen regering). De kloof is niet alleen moreel verkeerd, maar is ook een bron van praktische problemen.

Naar mijn mening is nu de tijd gekomen om meer vanuit de mensheid te denken dan vanuit mijn land of dat land. Door die manier van denken gaat vanzelf elke individuele geest open.

Vaak vragen mensen me wat de snelste methode is om verlichting te bereiken en wat, denk ik, voor hen de goedkoopste is. Dat is een teken van mislukking. Als het doel de moeite waard is om te bereiken, moeten we niet aan die dingen denken.

De wereld zelf is de natuur.
De zon, de maan, zij zijn de
natuur. Zelfs als er geen dieren
meer zouden zijn, zou de natuur
er nog steeds zijn.

Er zijn altijd conflicten en
tegenspraken in het leven,
ook in onszelf. Maar als we
mededogen op de juiste manier
en verstandig gebruiken, kunnen
we een oplossing voor die
conflicten vinden.

Politiek is iets anders. Ik heb geen modern onderwijs genoten, niets van dien aard. En hoewel ik in de afgelopen veertig jaar misschien wel iets heb geleerd, voel ik mij niet goed toegerust voor iemand die geacht wordt verantwoordelijkheid te dragen. Voor mij is politiek geen vrijwilligerswerk. Integendeel, ik zie het als een noodzaak omdat de mensen erop hopen en vertrouwen.

Boeddhisten hangen de theorie aan dat alle bewuste wezens worden wedergeboren. En daarbinnen geloven we dat er mensen bestaan die ervoor kiezen terug te komen; dat kunnen ze net zo vaak als ze willen, zelfs tegelijkertijd. Dat noemen we reïncarnatie.

Het IJzeren Gordijn of Bamboe Gordijn op de grens is al erg genoeg, maar nog erger is een soort gordijn in de geest. Dan kunnen er geen frisse ideeën binnenkomen.

Wees een vriendelijk mens.
Wees een goed mens.

U bent welkom, of u nu een praktiserend boeddhist bent of niet. U zoekt geluk en verlichting van lijden en pijn.

Echte blijvende wereldvrede kan alleen voortkomen uit wederzijds vertrouwen.

De geschiedenis laat zien dat de
meeste positieve of weldadige
ontwikkelingen in de
samenleving het resultaat zijn
geweest van zorgzaamheid
en mededogen.
Kijk bijvoorbeeld maar naar de
afschaffing van de slavernij.
Idealen zijn de motor van
vooruitgang.

Haat is onze enige echte vijand. Haat heeft geen enkel ander doel dan ons te vernietigen. Geef haat nooit de kans u te veroveren.

We hebben allemaal hetzelfde vermogen om een goed of een slecht mens te zijn. Het is belangrijk de goede kant in onszelf te bevorderen en de negatieve terug te dringen. Op de korte termijn kunt u een soort voldoening krijgen van de negatieve kant, maar op de lange termijn bezorgt hij ons altijd een onplezierige ervaring.

De volgende Dalai Lama zou een Indiër, een Europeaan of een Afrikaan kunnen zijn – zelfs een vrouw. Het lichaam doet niet ter zake.

In wezen is het een boeddhistische houding dat u bepaalde dingen niet domweg moet accepteren vanwege uw geloof. En daarom hebt u een sceptische houding nodig. Boeddha zelf maakte dat duidelijk aan zijn volgelingen. Hij zei dat we die dingen nooit uit respect voor hem moesten accepteren, maar ze zelf moesten onderzoeken.

Geweldloosheid betekent niet dat
we onverschillig tegenover
problemen blijven – we moeten
er volledig bij betrokken raken.

Eerder in de 20e eeuw beschouwden mensen wapens als de beste beleidsmaker, zelfs kernwapens. Nu praat iedereen meer over een vreedzame, geweldloze dialoog. Het gebruik van wapens is een kunstmatige methode, zeer resoluut, maar kunstmatig. Logisch gezien is rechtvaardigheid de echte, blijvende en effectieve methode. Dat is mijn theorie.

Het doel van een boeddhistische monnik is niet slechts geluk. Er is een transcendent doel van totale spirituele bevrijding.

Als we het zelf verkeerd opvatten, worden anderen verkeerd begrepen en worden relaties moeilijk. Zulke dwalingen beperken de natuurlijke menselijke gevoeligheid voor de echte zorgen van mensen.

De ware test van het vereren
van boeddha's of God is de liefde
die een mens naar zijn
medemensen uitstraalt.

Vergeet niet dat u een westerling bent. Als u een oosterse filosofie zoals het Tibetaanse boeddhisme wilt beoefenen, dient u de essentie te begrijpen en te proberen haar aan uw culturele achtergrond en omstandigheden aan te passen.

Religies moeten de mensheid
dienen, niet andersom.

Waar u ook bent, uw
godsdienstige leer moet
bij u zijn.

Als we onze menselijke waarden
verliezen doordat we alles
mechaniseren, zullen machines
ons leven bepalen.

Het wezen van de leer van Boeddha wordt weergegeven in de Vier Edele Waarheden: de waarheid van het lijden, de waarheid van de oorsprong van het lijden, de waarheid van de opheffing van het lijden en de waarheid van het pad dat naar de opheffing leidt.

We moeten meer aandacht schenken aan onze innerlijke waarden.

Alle mensen komen voort uit een baarmoeder. We maken allemaal deel uit van één familie van mensen. We dienen een helder besef van de eenheid van de hele mensheid te hebben.

Oneindig altruïsme is de basis van vrede en geluk. Als u altruïstisch wilt zijn, moet u haat onder controle krijgen en geduld beoefenen. De belangrijkste leraren van geduld zijn onze vijanden.

Als mijn geest nog actief is voordat ik ga slapen, ga ik na wat ik die dag heb gedaan: wat was positief, welke fouten heb ik gemaakt, ik doe een belijdenis, kniel soms neer. Om ongeveer negen uur ga ik slapen. Zonder een slaappil. Ik val heel gemakkelijk en heel vredig in slaap.

Onwetendheid is de bron van
haat. De manier om
onwetendheid op te heffen
is bewustwording.

Om oprechte, blijvende wereldvrede te bereiken op basis van mededogen dienen we een gevoel van universele verantwoordelijkheid te hebben. Eerst moeten we innerlijke ontwapening nastreven – onze eigen woede en haat terugdringen, en wederzijds vertrouwen en menselijke genegenheid versterken.

De mensen die beroofd zijn van
hun mensenrechten, kunnen het
minst voor zichzelf spreken.
De verantwoordelijkheid
daarvoor ligt bij diegenen van
ons die zulke vrijheden genieten.

Ik wil gewoon leven als een eenvoudige boeddhistische monnik, maar in de afgelopen dertig jaar heb ik over de hele wereld veel vrienden gemaakt en ik wil nauw contact met hen hebben. Ik wil een bijdrage leveren aan harmonie en gemoedsrust, opdat er minder conflicten zullen zijn. Waar die mogelijkheid zich voordoet, ben ik daartoe bereid. Dat is het doel van mijn leven.

Mededogen en
verdraagzaamheid zijn geen
teken van zwakte, maar een
teken van kracht.

Een plezierige sensatie is een vorm van lijden. Ze plant het zaad van ontevredenheid.

Zonder vrede in onze geest is het moeilijk de wereldvrede tot stand te brengen. Daarom is er een verband tussen. Veel problemen die we tegenwoordig hebben, zijn een gevolg van onze haat.

De ervaring die u tijdens
meditatie heeft, dient u van pas
te komen wanneer u aan het
werk bent.
Het heeft geen zin die dingen
te scheiden.

Als bij het aanbreken van de dag het weer goed is, ga ik de tuin in. Dat moment van de dag vind ik heel bijzonder. De lucht is helder, ik zie de sterren en ik heb dat bijzondere gevoel van nietigheid in de kosmos, het besef van wat wij boeddhisten 'vergankelijkheid' noemen.

Vanuit het standpunt van een gelovige heb ik een bijzondere relatie met enkele hogere wezens. Maar in mijn eigen ogen ben ik nog steeds een gewone boeddhistische monnik.

Er zijn filosofische verschillen,
bijvoorbeeld in het concept van
een schepper. Het boeddhisme
past het best bij mij, maar niet
noodzakelijk bij iedereen.
We hebben pluralisme nodig.

Het vermijden van uitersten is het hele probleem voor de medische wetenschap. Als er dieren moeten worden gebruikt, kunnen hun leven en hun pijn niet worden veronachtzaamd.

Soms zijn er onmogelijke verantwoordelijkheden en veel problemen geweest. Maar ik ben zelf heel opgewekt en heb weinig last van zorgen. Ik doe mijn best, wat matigheid is. Mislukking doet niet ter zake.

Ik ben me bewust geworden van de gevoeligheid van problemen die vrouwen hebben. Zelfs in de jaren zestig en zeventig wist ik niet veel van die problemen. Het boeddhistische standpunt in de kwestie van gelijkheid tussen de geslachten is al eeuwen oud. Op de hoogste tantrische niveaus, op het hoogste esoterische niveau moet u respect hebben voor vrouwen, voor elke vrouw.

Ik geloof dat constante inspanning, onvermoeibare inspanning en het nastreven van heldere doelen met oprechte inspanning de enige weg is.

Ten eerste is het mijn fundamentele overtuiging dat de menselijke natuur vriendelijk is. De menselijke natuur is mededogend, liefdevol. Daarom gaat het gebruik van geweld tegen de natuur van de mens in. Ten tweede schept geweld vanwege deze factor veel leed in de menselijke geest.

Zelfdiscipline op basis van spirituele waarden, dat is het echte antwoord op corruptie.

Zonder gevoelens kunnen we geen scheidslijn trekken tussen recht en onrecht, waarheid en onwaarheid, goed en kwaad.

Monnik zijn is de kern van mijn identiteit.

Wie glimlacht, heeft een
gelukkig, succesvol leven.

Louter leven is niet zo belangrijk. Het gaat om nuttigheid. Dus als ik nog honderd jaar zou kunnen leven en nuttig zou kunnen zijn, dan... zou ik dat goedvinden. Anders schep je alleen maar nog meer problemen voor anderen.

Als mens hebben we goede en slechte kwaliteiten. Woede, gehechtheid, jaloezie en haat staan aan de slechte kant. Zij zijn de echte vijanden.
Vanuit een bepaald standpunt zit onze echte vijand, de echte probleemschepper, binnen in ons.

Als je jeuk hebt, is het plezierig
te krabben. Maar het is beter
helemaal geen jeuk te hebben.

De spirituele ontdekking van mensen met een ander geloof is de grootste uitdaging van de 21e eeuw. Sommigen zullen dat als een bedreiging van hun identiteit zien. Anderen zullen het beschouwen als een aanvulling van hun identiteit, als de ontdekking van verloren familieleden en hun wereld. Het wezen van nederigheid.

Als er geen wapens waren, zou de agressieve aard van mensen minder gevaarlijk zijn. Ik denk dat mensen baat kunnen hebben bij opbouwender gebieden.

Bij een boeddhist moet de zegen
vanbinnen komen,
niet vanbuiten.

Onderricht en mededogen...
als u die twee combineert, zal
uw hele leven opbouwend en
gelukkig zijn.

Als u zich echt inspant om te handelen, brengt u echt de waarde van religieus geloof in praktijk.

De vijand is een heel goede leraar.

In deze moeilijke tijden zou volgens mij verantwoordelijkheid voor de behoeften van mensen uw daden moeten leiden, en niet het aanhangen van een abstracte theorie.

Mensen doen anderen pijn door
hun zelfzuchtige streven naar
eigen geluk of voldoening.
Toch komt echt geluk voort uit
een gevoel van broederschap
en zusterschap.

Diep vanbinnen zijn we allemaal dezelfde mensen. Er zijn geen verschillen. We hebben allemaal twee ogen, een neus en een mond.

Onderwijs is volgens mij een soort instrument. Het hangt van de gebruiker af of het instrument goed, opbouwend of anderszins wordt gebruikt.

Ik kom uit het Oosten en er zijn mensen die geloven dat we een andere opvatting van mensenrechten hebben. Maar alle mensen zijn fundamenteel hetzelfde. We willen allemaal gelukkig zijn.

U heeft meer spiritueel geduld en in sommige gevallen spirituele verzoening nodig.

Een Tibetaanse rondtrekkende monnik zou een straalvliegtuig – of een televisie – als een wonder beschouwen. Maar voor een wetenschapper die weet hoe ze werken, zijn ze dat niet. Zo ook zijn er bepaalde dingen die met geestelijke training te doen zijn. Voor mensen die zulke vaardigheden hebben ontwikkeld, is dat niets bijzonders.

Als ik naar de grote ziekten in de wereld kijk, is mijn hoofdpijn lang zo erg niet.

Als u te gevoelig bent, gebeuren er negatieve dingen. Tegenwoordig besef ik hoe belangrijk het is je geest kalm te houden.

Ik probeer elke tragedie te zien in de context van andere grote tragedies in de geschiedenis. Dat geeft me een bredere focus en maakt het gemakkelijker te dragen. Dat is dus mijn geheim, mijn truc.

Ik geloof dat elke menselijke activiteit die voortkomt uit vriendelijkheid en de geweldloze aard van de mens... gegarandeerd weldadig en dienstbaar is. En zelfs als het doel van een daad nobel is, denk ik niet dat hij weldadig is zolang de daad gemotiveerd wordt door een gevoel van haat, van wraak.

Met meditatietechnieken kunnen
we onze geest bevrijden van
waanideeën en de zogeheten
verlichting bereiken.

Maar... wat mijn eigen motivatie als
boeddhist betreft, ik probeer open
en oprecht te zijn en doe mijn best.
Als ik iets bereik, is dat heel mooi,
zo niet, dan heb ik er
geen spijt van.

Vroeg of laat zult u merken dat
de hulpbronnen beperkt zijn en
zult u genoegen moeten nemen
met een bescheidener leefstijl.

Als u uw focus verplaatst van
uzelf naar anderen en meer
denkt aan het welzijn en de
voorspoed van anderen,
heeft dat onmiddellijk een
bevrijdend effect.

Als we het hebben over
mededogen en liefde, denken
sommige mensen dat het iets
religieus is. Mededogen is de
universele religie.

Spiritualiteit is als een medicijn.
Als u een ziekte wilt genezen,
is het niet voldoende naar
het medicijn te kijken
en erover te praten.
U zult het moeten innemen.

De toekomst hangt af
van het heden.

Iedereen beschikt over hetzelfde
vermogen tot innerlijke rust,
maar negatieve krachten zoals
angst, argwaan, egoïsme en
zelfhaat kunnen innerlijke vrede
kapotmaken.

Ik heb geleerd dat mededogen,
een gevoel van zorgzaamheid,
denken aan het welzijn van
anderen, die geestelijke houding,
mij innerlijke rust geeft. Het heeft
het doel van mijn leven bepaald.

In mijn visie is het wezen van alle religies een goed hart, mededogen, vergeving, respect voor andere levens, een gevoel van broederschap en zusterschap. Dat zijn de essentiële boodschappen van verschillende religies. We gebruiken hetzelfde materiaal als goud, maar we kunnen de vorm wijzigen, afhankelijk van onze behoeften. Zo ook heeft religie dezelfde essentie, maar in het dagelijks leven zijn nieuwe benaderingen nodig.

Het is altijd mogelijk in een multiculturele samenleving een identiteit te behouden. Een volledig isolement is onpraktisch. U dient op een evenwichtige manier contact te hebben met de rest van de samenleving, in nieuwe situaties te stappen en een modern leven te leiden, terwijl u tegelijkertijd uw traditionele identiteit behoudt.

Voor mij betekent het niets. Een nieuw millennium of een nieuwe eeuw of een nieuw jaar. Voor mij is het weer een dag, een dag en een nacht. De zon, de maan en de sterren blijven hetzelfde.

Van de Dalai Lama zijn bij Uitgeverij BZZTôH verschenen:

De essentie van het boeddhisme
De essentie van het evenwicht
De essentie van het geluk
De essentie van de liefde
De essentie van de vriendschap
De essentie van de wijsheid
De kracht van het mededogen
De kunst van het geluk
De kunst van het geluk op het werk
De kunst van het vergeven
De weg tot de rust
Een hart vol wijsheid
Een leven vol mededogen
Geluk in een wereld zonder begeerte
Het verlichte pad
Inspiraties van de Dalai Lama
Inzichten
Meditatie-oefeningen voor een zinvoller leven
Open je hart
Wijsheid voor een moderne wereld
Woorden van wijsheid van de Dalai Lama